내 주위엔 온통 수학이야 5

피자를 다른 모양으로 나눌 수는 없을까?

1판 1쇄 발행 2024년 07월 15일

지은이 장경아 | **발행처** 도서출판 혜화동
발행인 이상호 | **편집** 이희정 | **디자인** nutbug
주소 경기도 고양시 일산동구 위시티3로 111, 202-2504
등록 2017년 8월 16일 (제2017-000158호)
전화 070-8728-7484 | **팩스** 031-624-5386
전자우편 hyehwadong79@naver.com

ISBN 979-11-90049-46-7 (73410)

ⓒ 장경아, 2024
이 책은 저작권법에 따라 보호를 받는 저작물이므로 무단 전재와 무단 복제를 금지하며,
이 책의 전부 또는 일부를 이용하려면 반드시 저작권자와 도서출판 혜화동의 서면 동의를
받아야 합니다.

* 책값은 뒤표지에 있습니다.
* 잘못된 책은 바꾸어 드립니다.

서문

**❝ 누구나 내 주변에서
　　수학을 찾을 수 있을 거예요! ❞**

　우리나라 학생들은 '수학'을 정말 열심히 공부하는 것 같아요. 학년이 올라갈수록 수학 공부에 더 많은 시간을 쏟아요. 이렇게 학생들이 수학 공부를 열심히 하는 건 아마도 '수학'이 좋은 대학을 가는 데에 중요한 역할을 하기 때문일 거예요.

　그런데 만약 누군가 여러분에게 '수학'이 우리의 삶과 무슨 상관이 있는지 묻는다면 뭐라고 대답할 수 있을까요? 혹시 계산 정도만 하면 살아가는 데에 아무 문제 없다는 생각이 들지 않나요? 국어나 과학, 사회, 영어와 같은 과목은 우리가 생활하는 데 필요할 것 같다는 생각에 의심 없는데 말이에요.

생활 속에서 키우는 수학적

내 주위엔
온통
수학이야

피자를 다른 모양으로 나눌 수는 없을

장경아

'수학'을 공부하는 가장 큰 이유는 수학을 공부하는 것을 통해 생각하는 힘을 기를 수 있기 때문이에요. 이런 힘은 우리가 살아가며 겪는 많은 문제를 해결하는 데에 도움이 되지요. 하지만 이런 답은 머리로는 이해되지만, 어린이들에게는 잘 와 닿지 않을 수 있어요.

어떻게 하면 어린이들에게 수학은 우리 생활에 꼭 필요하고, 우리 삶을 편리하게 해 준다는 걸 알려 줄 수 있을지 고민하며 주변을 둘러보기 시작했어요. 내 주위에 있는 물건을 유심히 관찰하니 많은 물건 속에 수학이 있다는 걸 알 수 있었답니다.

집에 있는 TV, 의자, 자전거, 컵, 신발에도, 또 필통 속에 있는 가위, 연필에서도 수학을 찾을 수 있어요. 길 위의 자동차 번호판, 신호등에서도 말이에요. 수학은 수학 문제집에만 있는 게 아니라 생활 속에서 누구나 사용하는 물건 속에서 쉽게 찾을 수 있답니다. 정말인지 궁금하다면, 지금부터 내 주변에 어떤 수학이 있는지 같이 만나 봐요!

이 책은 '수학을 배우면 어디에 쓰일까?' 또는 '수학 공부는 도대체 나와 무슨 상관이 있는 걸까?' 같은 생각이 종종 드는 어린이들에게 조금이나마 답이 될 수 있다고 생각해요.

차례

서문 — 4

01.
피자를 다른 모양으로 나눌 수는 없을까?

피자, 라지(L)와 미디엄(M) 크기 차이는? — 9
피자를 똑같이 나누는 다른 방법은 없을까? — 12
피자 상자는 왜 사각형일까? — 15
수학 UP! 문해력 UP! 읽고 풀어 봐~! — 18

02.
나만의 음료 만들기, 단위가 왜 제각각이죠?

왜 설탕은 무게로, 탄산수는 부피로 잴까? — 21
블루베리 펀치 주스 만들기! — 25
커피 음료의 부피인 온스(oz)를
밀리리터(mL)로 바꿔 보자! — 29
수학 UP! 문해력 UP! 읽고 풀어 봐~! — 32

03.
유통기한이 지난 우유, 버려야 될까?

유통기한의 정확한 뜻은 뭘까? — 36
유통기한 대신 소비기한을 확인하세요! — 39
유통기한 대신 소비기한 사용하면
어떤 효과가 생길까? — 42
수학 UP! 문해력 UP! 읽고 풀어 봐~! — 45

04.
치킨 먹고 남은 뼈는 음식물 쓰레기일까?

우리나라에서 배출하는 음식물 쓰레기의 양은? — 48
음식물 쓰레기가 아닌 것을 찾아라! — 51
음식물 쓰레기의 물기를 제거해야 해요! — 54
수학 UP! 문해력 UP! 읽고 풀어 봐~! — 57

05.
콘 아이스크림의 '한입' 양은?

와플+아이스크림=콘 아이스크림 — 60
한입 와앙~! 왜 이렇게 많이 줄어들까? — 63
콘 아이스크림 맨 끝에 초콜릿이 들어 있는 이유는? — 66
수학 UP! 문해력 UP! 읽고 풀어 봐~! — 69

06.
고래밥 과자, 정말 고래밥일까?

고래밥은 몇 가지 모양이 있을까? — 72
고래밥, 모양이 골고루 들어 있다고 볼 수 있을까? — 75
고래밥이 아니라, ○○밥? — 79
수학 UP! 문해력 UP! 읽고 풀어 봐~! — 82

07.
편의점에는 왜 1+1, 2+1이 많을까?

편의점 1+1 할인과 50% 할인 똑같을까? — 85
같은 주스인데 맛에 따라 할인이 다르네? — 89
50% 할인 vs 30% + 추가 20% 할인, 어떤 게 더 쌀까? — 92
수학 UP! 문해력 UP! 읽고 풀어 봐~! — 95

08.
상자에 음료수 캔을 가장 많이 담으려면?

상자에 음료수 캔 하나를 더 넣으려면? — 99
육각형 배열보다 더 많이 넣는 방법도 있다?! — 102
과일 가게 쌓기에도 육각형이 있다고? — 105
수학 UP! 문해력 UP! 읽고 풀어 봐~! — 108

> 01.
> 피자를 다른 모양으로
> 나눌 수는 없을까?

〞 피자, 라지(L)와 미디엄(M) 크기 차이는? 〞

　피자를 주문할 때면 어떤 크기 피자를 먹을지 정해야 해요. 가게마다 피자 크기를 나타내는 말이 조금씩 다르지만, 보통 M과 L이 있어요. M은 '중간의'라는 뜻을 나타내는 영어 '미디엄(Medium)'의 앞글자, L은 '큰'을 뜻하는 '라지(Large)'의 앞글자예요. 보통 M은 2~3명이 먹을 때, L은 3~4명이 먹을 때 추천하는 피자 크기예요. 최근에는 혼자 먹기에 적당한 1인용 피자도 나오고 있어요.

종류	1인용 피자	미디엄(M)	라지(L)
	반지름 10cm	반지름 13cm	반지름 17cm
지름	20cm	26cm	34cm
넓이	10×10×3.14 = 314cm²	13×13×3.14 = 약 531cm²	17×17×3.14 = 약 907cm²

　그럼 L 크기 피자는 M 크기 피자보다 얼마다 더 클까요? 원 모양인 피자의 크기를 비교할 때는 원의 넓이를 계산해 보면 돼요. 원의 넓이는 반지름 × 반지름 × 3.14로 구할 수 있어요. 계산해 보면 아래의 표와 같아요. L 크기 피자가 M 크기 피자보다 약 1.7배 크지요. 만약 L 피자의 가격이 M 피자의 가격보다 1.7배보다 저렴하다면 L 크기 피자를 사는 것이 이익이랍니다.

> 생활 속 꿀팁!

패밀리 사이즈 피자의 크기는 작은 피자의 몇 배?

라지(L)보다 더 큰 피자로는 패밀리(F)가 있어요. 패밀리 피자의 크기는 보통 지름이 15인치로 약 38cm 정도예요. 가장 크기가 큰 패밀리 피자는 1인용 피자, 미디엄(M), 라지(L)의 몇 배일까요?

지름이 약 38cm 이므로
패밀리(F) 피자의 넓이
= 19×19×3.14
= 약 1134cm²

피자를 똑같이 나누는 다른 방법은 없을까?

피자는 대부분 '원' 모양이에요. 피자의 중심을 지나는 직선으로 피자를 자르면 '부채꼴' 모양으로 나뉘어요. 부채꼴은 이름처럼 부채를 닮은 모양을 말하지요. 피자를 부채꼴 모양으로 자르는 이유는 나눠 먹는 사람 수에 따라 쉽게 피자를 나눌 수 있기 때문이에요. 보통 가게에서 피자를 주문하면 피자에 4개의 곧은 선을 그어 부채꼴 조각 8개로 나눠서 주지요.

6명이 나눠 먹을 때 　　　　8명이 나눠 먹을 때

이때 부채꼴 조각의 크기를 똑같게 하려면 '중심각'이 같아야 해요. 부채꼴의 중심각은 두 반지름 사이의 각도를 말해요. 만약 피자를 6명이 똑같이 나눠 먹는다면, 원의 각도인 360°를 6으로 나눈 값, 즉 중심각이 60°인 부채꼴로 나누면 돼요. 만약 8조각으로 나눈다면, 원의 각도인 360°를 8로 나눈 값인 45°인 부채꼴로 나누면 된답니다.

그런데 원 모양인 피자를 부채꼴이 아닌 다른 모양으로 나누는 방법은 없을까요? 영국의 수학자인 조엘 안토니 하들리 박사는 피자를 똑같이 나눠 먹을 수 있는 독특한 방법을 소개했어요.

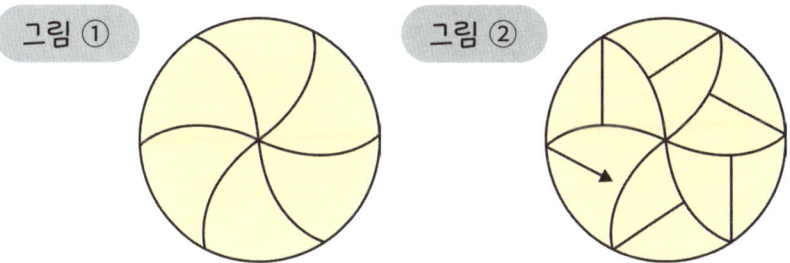

먼저 그림 ①처럼 피자의 중심을 지나도록 부드러운 곡선을 3개 그려서 피자의 조각이 똑같은 6개가 되도록 나눠요. 그런 다음, 그림 ②처럼 각각의 곡선 끝에서 아래 곡선의 중간이 되는 곳까지 곧게 선분을 그어요. 이렇게 해서 생긴 12개의 조각은 모두 크기가 똑같아요.

다만 이 방법을 사용하면 어떤 사람은 피자의 가장자리를 많이 먹고, 어떤 사람은 토핑이 많은 부분을 먹게 돼서 공평하지 않을 수 있어요. 하지만 취향에 따라 골라 먹을 수 있다는 점은 장점이기도 해요. 여러분은 어떤 방법으로 피자를 나눠 먹고 싶나요?

교과서 속 수학 개념!

피자 조각을 분수로 나타내면?

피자를 8조각으로 똑같이 나눴어요. 아빠는 3조각을, 나는 1조각을 먹었어요. 이때 아빠가 먹은 피자의 양과 내가 먹은 피자의 양을 각각 분수로 표현할 수 있어요.

피자 한 판 전체의 양 = 1

아빠가 먹은 피자의 양 = $\frac{3}{8}$

내가 먹은 피자의 양 = $\frac{1}{8}$

초3 ·· 분수

「 피자 상자는 왜 사각형일까? 」

피자는 동그란 '원' 모양인데, 피자를 포장하는 상자는 대부분 사각형이에요. 왜 그럴까요?

피자를 네모난 상자에 담기 시작한 것은 1960년대부터였어요. 피자를 만드는 회사인 '도미노 피자'가 골판지로 만든 네모난 상자에 피자를 넣었지요. 골판지로 만든 네모난 상자는 접기 쉽고, 미리 접어 두면 피자를 빠르게 담을 수 있어서 편리해요. 이를 본 다른 피자 회사도 점차 네모난 상자에 피자를 넣어 팔기 시작했어요.

피자 모양은 '원'이지만, 대부분의 피자 상자는 '사각형'

2015년에는 '줌 피자'라는 회사가 피자를 동그란 상자에 담아 세상에 선보였어요. 줌 피자는 네모난 피자 상자의 단점 몇 가지를 개선했어요. 네모난 상자에 동그란 피자를 담으면 귀퉁이에 빈 곳이 생기고, 여기에 습기가 차 피자가 눅눅해졌어요.

또 골판지에 코팅을 해서 사용한 사각형 상자는 재활용하기가 어려웠어요. 그래서 줌 피자는 동그란 모양의 상자를 만들고, 환경에 해를 덜 끼치는 사탕수수 포장지를 사용했어요. 사각형 상자와 동그란 포장 용기, 어느 쪽이 더 마음에 드나요?

동그란 용기의 특징

① 바닥에 올록볼록한 골이 있어서 피자가 달라붙어 눅눅해지는 것을 막는다.
② 박스 자체가 5g까지 수증기를 흡수해 바삭한 피자의 맛을 유지한다.
③ 박스 바닥은 약간 위로 솟은 모자 모양이라 여러 개를 층층이 쌓아 올릴 수 있다. 한 번에 최대 10개까지 쌓아 흔들림 없이 나를 수 있다.

> 생활 속 꿀팁!

삼각형 피자 상자도 있다고?!

삼각형 피자 상자도 있어요. 식당에서 피자를 먹고 남겨서 포장을 원할 때 피자를 담으려면 조각 피자 모양의 포장 용기가 필요해요. 부채꼴의 가장자리는 곡선이기 때문에 부채꼴과 모양이 가장 비슷한 삼각형으로 된 상자를 이용한답니다.

수학 UP! 문해력 UP! 읽고 풀어 봐~!

1. 다음은 어떤 피자 가게의 라지(L)와 미디엄(M) 크기의 피자 정보예요. 단위면적당 가격을 비교해 어떤 피자를 사는 것이 더 이익인지 알아 보세요.

종류	미디엄(M)	라지(L)
지름 길이	26cm	34cm
가격	17,000원	21,000원

① 단위면적당 두 피자의 가격은 똑같다.
② 미디엄(M) 피자를 사는 것이 더 이익이다.
③ 라지(L) 피자를 사는 것이 더 이익이다.

2. 피자를 8명이 똑같이 나눠 먹도록 선을 긋고, 이때 부채꼴 모양의 한 조각의 중심각이 몇 도인지 써 보세요.

    한 조각의 중심각 (   )도

3. 영국의 수학자인 조엘 안토니 하들리 박사가 생각해 낸 방법에 따라 피자를 똑같은 크기 12조각으로 나눠 보세요.

4. 사각형 피자 상자의 특징으로 잘못된 것을 모두 고르세요.

① 접어서 만들기가 간편하고 쉽다.
② 모든 피자 회사는 사각형 상자에 피자를 담아 팔고 있다.
③ 귀퉁이 빈 곳에 습기가 차서 눅눅해지기 쉽다.
④ 여러 개를 층층이 쌓아도 흔들리지 않는다.
⑤ 대부분의 사각형 상자는 종이로 만든다.

정답

1. 원의 넓이 = 반지름 x 반지름 x 3.14이므로 L 피자의 넓이는 17 x 17 x 3.14 = 907.46㎠이고, M 피자의 넓이는 13 x 13 x 3.14 = 530.66㎠이다.
   L 피자의 넓이는 M 피자 넓이의 약 1.7배(907.46 ÷ 530.66 = 1.71)이다. 그런데 가격은 21000 ÷ 17000 = 약 1.2이므로 약 1.2배이다. 따라서 넓이는 1.7배로 커지지만 가격은 1.2배이므로 크기가 큰 L 피자를 사는 것이 가격에서는 이익이다.

2. 한 조각의 중심각은 360÷8=45도

3.

4. ②, ④
   ② '줌 피자'에서는 동그란 상자에 피자를 담아 팔고 있다.
   ④ 상자를 여러 개 쌓을 수는 있지만, 흔들리지 않는 것은 아니다.

> 02.
> 나만의 음료 만들기,
> 단위가 왜 제각각이죠?

❝ 왜 설탕은 무게로, 탄산수는 부피로 잴까? ❞

집에서 나만의 어린이용 펀치 주스를 만들려고 해요. 새콤달콤한 블루베리 펀치 주스를 만들 때 필요한 재료를 살펴볼까요? 필요한 재료의 양은 각각 그램(g)과 밀리리터(mL)로 나타냈어요.

g(그램)은 무게를 재는 단위예요. 주로 고체의 무게를 나타낼 때 사용해요. 고체란 담는 그릇이 바뀌어도 모양과 크기가 변하지 않는 물질의 상태를 말해요. 블루베리, 얼음, 사

탕은 모두 고체이므로 필요한 양을 g으로 나타낸 거예요.

mL(밀리리터)는 액체의 부피를 나타낼 때 사용하는 단위예요. 액체는 담는 그릇에 따라 모양은 변하지만 양은 변하지 않는 물질의 상태를 말해요. 탄산수나 레몬즙은 액체이므로 mL로 나타낸 거예요.

그런데 왜 고체는 무게를 재고, 액체는 무게 대신 부피를 잴까요? 물론 액체의 무게도 잴 수 있어요. 액체를 용기에 담아 무게를 잰 다음, 용기의 무게를 빼면 되지요. 하지만 눈금이 있는 용기에 액체를 부으면 번거로운 과정 없이도 부피를 바로 알 수 있어서 무게를 재는 것보다 훨씬 간편해요. 이런 이유로 액체의 양을 나타낼 때는 무게보다 부피를 활용해요.

교과서 속 수학 개념!

초3 : 들이와 무게

들이 vs 부피, 뭐가 다른가요?

'들이'는 그릇 안에 넣을 수 있는 물건 부피의 최댓값을 뜻해요. 비슷한 개념으로는 '부피'가 있어요. 언뜻 생각하면 들이와 부피는 똑같은 것 같지만 달라요.

부피는 어떤 입체가 차지하는 공간의 크기로, 그릇 자체의 크기를 나타내요.

예를 들어 다음과 같이 크기가 같은 나무로 만든 상자 모양의 두 종류 연필꽂이가 있어요. 왼쪽은 나무의 두께가 두껍고, 오른쪽은 나무의 두께가 얇아요. 연필꽂이의 부피는 같지만, 안쪽에 들어가는 공간의 크기는 오른쪽이 크니까 들이는 오른쪽 연필꽂이가 커요.

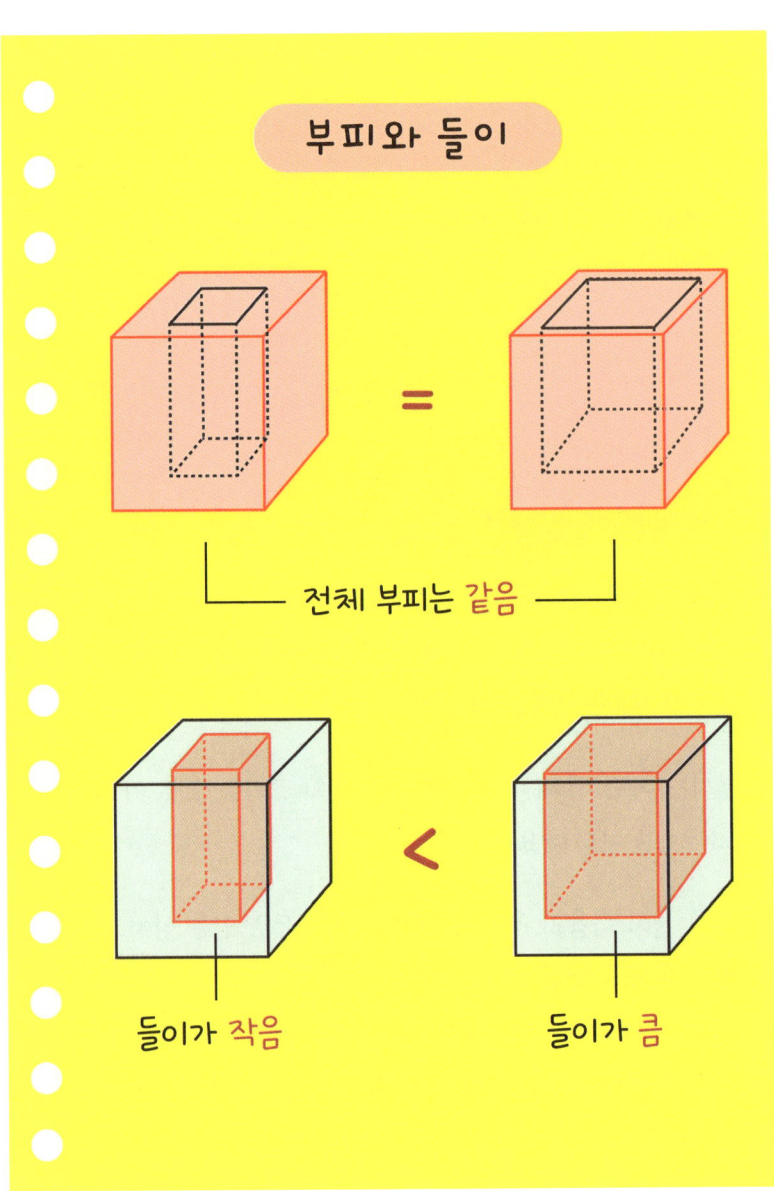

〝 블루베리 펀치 주스 만들기! 〞

재료를 준비했다면, 블루베리 펀치 주스를 만들어 봐요. 맛있는 펀치 주스를 만들려면 재료를 정확하게 재야 해요.

블루베리 펀치 주스 레시피

① 블루베리 50g과 설탕 20g, 민트잎 3장을 넣고 으깨요.

② 레몬즙 15mL를 넣어요.

③ 탄산수 300mL를 넣고 잘 섞어요.

④ 얼음 200g을 넣으면 완성!

* 취향에 따라 얼음 양은 자유롭게 넣어 주세요.
  블루베리를 추가해도 좋아요.

1단계 : 정확한 무게는 저울로!

먼저 블루베리 50g과 설탕 20g을 정확하게 재야 해요. 요리용 저울을 이용하면 쉽게 무게를 잴 수 있어요. 이때, 그릇 위에 요리 재료를 올려서 무게를 쟀다면, 저울에 표시된 무게에서 그릇의 무게만큼 빼야 해요.

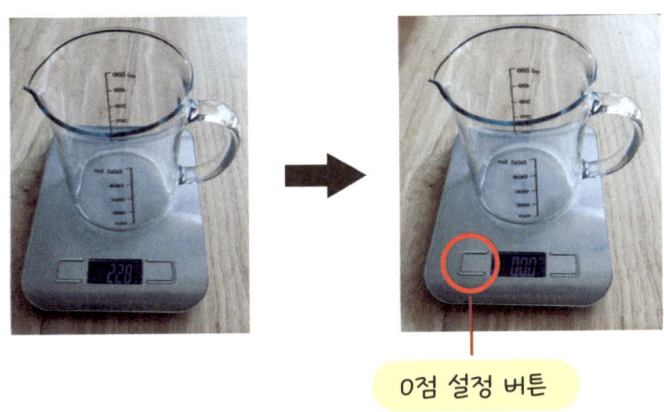

0점 설정 버튼

전자식 저울을 이용한다면 저울의 '0점 설정 버튼' 또는 'T(Tare) 버튼'을 활용하면 좀 더 간편해요. 저울에 그릇만 올려둔 상태로 0점을 설정 버튼을 누르면 그릇을 올린 상태를 0g으로 맞출 수 있어요. 그런 다음 필요한 무게가 될 때까지 그릇 위에 재료를 올리면 되지요. 그릇의 무게를 뺄 필요가 없어서 편리해요.

2단계 : 부피가 작을 때는 계량스푼!

이제 레몬즙 15mL를 측정해 봐요. 부피를 재려면 눈금이 표시된 그릇이 필요한데, 적은 양의 부피를 잴 때는 계량스푼을 이용하면 간편해요. 계량스푼에는 크게 대문자 'T'와 소문자 't'가 있어요. T는 '1큰술'로 15mL이고, t는 '1작은술'로 5mL예요. 레몬즙 15mL는 계량스푼으로 1큰술과 같아요.

$$1T = 15mL = 3 \times 5mL = 3t$$
$$1큰술 = 3작은술$$

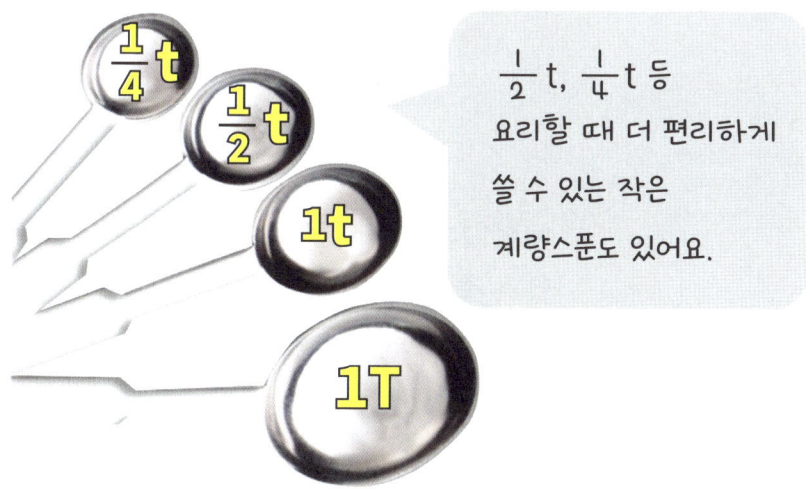

$\frac{1}{2}t$, $\frac{1}{4}t$ 등 요리할 때 더 편리하게 쓸 수 있는 작은 계량스푼도 있어요.

3단계 : 부피가 클 때는 계량컵!

탄산수 300mL는 계량스푼으로 재기에는 부피가 커요. 이럴 때는 계량스푼 대신 계량컵을 사용해요. 계량컵에 적힌 눈금에 맞춰 필요한 만큼의 액체를 부으면 돼요. 이때, 평평한 곳에 계량컵을 두고 몸을 낮춰서 액체의 높이와 눈의 높이를 맞춰야 정확한 부피를 측정할 수 있어요.

계량컵에는 mL뿐만 아니라 '컵' 단위가 적혀 있기도 해요. 액체일 때 1컵은 약 240mL와 같아요.

> **커피 음료의 부피인 온스(oz)를 밀리리터(mL)로 바꿔 보자!**

　우리나라에서는 대부분 부피 단위로 밀리리터(mL)를 사용하고 있어요. 음료의 부피를 재는 또 다른 단위로는 '온스(oz)'가 있는데, 온스는 미국이나 영국에서 주로 사용하는 단위예요. 온스(oz)는 무게의 단위이기도 하고, 부피의 단위이기도 해요. 1온스는 무게로는 약 28.35g(그램), 부피로는 약 30mL예요.

> 1oz(온스) = 무게 약 28.35g(그램)
>   = 부피 약 30mL(밀리리터)

　커피 전문점에 가면 다양한 크기의 음료 컵을 볼 수 있고, 크기마다 부피가 표기되어 있는데 온스로 표기된 음료의 부피를 밀리리터로 바꿔 봐요.

어린이들이 자주 마시는 바나나맛 우유와 양(240mL)을 비교해 보면 쇼트 크기가 우유 1개와 같고, 그란데 크기가 우유 2개의 양과 비슷해요.

음료의 부피를 나타내는 단위에는 밀리리터(mL) 이외에도 다른 단위도 있다는 걸 알고, 주위의 음료가 어떤 부피 단위로 표현하고 있는지 살펴보세요.

생활 속 꿀팁!

어린이들이 자주 먹는 우유, 음료수의 양은?

어린이들이 자주 먹는 요구르트, 우유, 캔 음료수, 생수의 양은 다음과 같아요. 한두 모금이면 다 마시는 작은 요구르트는 65mL, 종이로 만든 우유갑 한 팩은 200mL인 경우가 많아요. 캔 음료수의 양은 보통 250~350mL 정도이고, 휴대용 생수는 500mL가 많은 편이에요.

요구르트
65mL

우유
200mL

캔음료수
250mL

생수
500mL

수학 UP! 문해력 UP! 읽고 풀어 봐~!

1. 다음은 블루베리 펀치 주스 만들기의 재료예요. 각각의 재료에 알맞은 단위를 g(그램), mL(밀리리터) 중 골라서 쓰세요.

(1) _____ , (2) _____ , (3) _____ , (4) _____ , (5) _____

2. 다음 그림과 같은 두 종류의 나무로 만든 연필꽂이가 있어요. 두 연필꽂이의 부피와 들이를 각각 비교해서 =, >, <를 써 보세요.

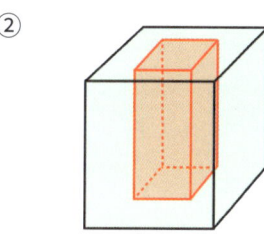

① 연필꽂이의 부피      ② 연필꽂이의 부피

① 연필꽂이의 들이      ② 연필꽂이의 들이

3. 아래 사진은 계량스푼이에요. 계량스푼에 대한 설명으로 옳지 않은 것을 고르세요.

① 레몬즙 15mL와 같이 부피가 적은 양을 잴 때 사용한다.
② 1T가 1t보다 양이 많다.
③ 1T는 15mL이다.
④ 탄산수 300mL를 잴 때는 1t을 여러 번 사용해서 재면 편리하다.
⑤ 1t보다 적은 양을 재는 $\frac{1}{2}$t, $\frac{1}{4}$t도 있다.

4. 컵에 음료의 양으로 16oz라고 쓰여 있었어요. 16oz는 약 몇 mL(밀리리터)인가요? 또 바나나맛 우유(240mL) 몇 개의 양과 비슷한가요? (단, 1oz=약 30mL로 계산한다.)

16oz = 약 (　　　)mL, 바나나맛 우유 (　　)개

정답

1. (1)g, (2)mL, (3)mL, (4)g, (5)g

2. =, >

3. ④ 300mL를 잴 때는 계량스푼보다는 계량컵을 이용해서 재는 것이 편리하다.

4. 약 480mL, 바나나맛 우유 2개와 비슷하다.

03. 유통기한이 지난 우유, 버려야 될까?

〝 유통기한의 정확한 뜻은 뭘까? 〞

마트에서 맛있는 먹거리를 장바구니에 가득 담았어요. 장바구니에 들어 있는 식품들을 살펴보니 우유, 치즈, 달걀, 두부, 냉동 만두, 식빵 등이 담겨 있었어요. 마트에서 식품을 살 때 무엇을 살펴보나요? 아마 식품에 적혀 있는 '유통기한'을 확인하고 살 거예요. 같은 식품이더라도 기왕이면 유통기한이 긴 것을 골라요. 장바구니 안에 들어 있는 식품의 유통기한을 살펴보니 식품마다 유통기한이 제각각 모두 달랐어요.

　유통기한이 짧은 식빵은 고작 3일이었고, 냉동 만두의 유통기한은 무려 9개월이나 될 정도로 길었어요. 식빵은 3일 안에 모두 먹어야 한다는 뜻일까요?

　유통기한의 정확한 뜻은, 식품을 제조한 날로부터 소비자에게 유통이 허용되는 기한을 뜻해요. 즉 식품을 만든 회사와 유통하는 사람들이 이 식품을 소비자에게 팔 수 있는 기한을 표시한 것이지요. 따라서 유통기한이 지났다고 해서 무조건 음식을 버려야 하는 것은 아니에요. 유통기한이 지났더라도 음식이 상하지 않았다면 먹어도 괜찮아요. 유통기한이 지났다고 해서 상하지도 않은 음식을 버리는 건 낭비니까, 잘 확인하고 먹는 게 좋겠죠?

생활 속 꿀팁!

유통기한 임박한 물건을 싸게 사는 쇼핑의 지혜!

마트에서는 유통기한이 지난 물건은 팔 수 없어서 유통기한이 임박한 물건을 할인해서 파는 경우가 많아요. 30%~50%까지 할인된 가격으로 살 수 있지요. 물건을 사서 바로 먹을 거라면 유통기한이 임박해 할인하는 물건을 사는 것도 쇼핑의 지혜랍니다.

알뜰상품 확인해주세요

품질과 유통기한에 이상이 없으나 마트 자체 관리 기준에 유통기한이 임박하여, 할인 판매하는 알뜰상품입니다

※ 상품에 부착된 50% 할인가격 라벨을 확인하시기 바랍니다

유통기한 대신 소비기한을 확인하세요!

유통기한이 며칠 지난 우유를 마실까? 말까? 고민하다가 버린 경험이 있을 거예요. 우유가 상하지 않았는데도 말이에요. 유통기한의 정확한 뜻을 몰랐기 때문이에요. 사람들이 유통기한의 정확한 뜻을 몰라 생긴 결과로 식품 낭비 문제가 커지자, 최근에는 식품에 유통기한을 표시하는 대신 소비기한을 대신 표기하고 있어요.

소비기한은 소비자가 식품을 안전하게 먹을 수 있는 기간을 뜻해요. 유통기한은 생산자와 유통하는 사람에게 필요한 정보지만, 소비기한은 물건을 사고 먹는 소비자에게 꼭 필요한 정보예요. 소비기한은 당연히 유통기한보다 기간이 길어요. 앞서 예를 들은 6개 식품의 소비기한을 알아보니 다음과 같아요.

	우유	치즈	달걀	두부	식빵	냉동 만두
유통기한	10일	6개월	20일	14일	3일	9개월
소비기한	50일	70일	25일	90일	20일	25일

　예를 들어 우유에 유통기한이 11월 14일로 표시가 되었다면, 실제로 우유를 소비자가 먹을 수 있는 기간은 14일에서 50일 정도가 더 지났을 때까지도 먹을 수 있다는 뜻이에요. 유통기한이 며칠 정도 지난 개봉하지 않은 우유는 상하지 않았을 가능성이 크기 때문에 버리지 말고 먹어도 괜찮다는 걸 알 수 있어요. 물론, 우유는 냉장에서 반드시 보관해야 하고 제품을 개봉한 후 보관한 우유는 상할 수 있으므로 소비기한 안에 있더라도 먹을 때는 반드시 상했는지 보고 판단하는 게 정확해요.

　또 치즈도 유통기한이 6개월이고 소비기한이 70일이라는 뜻은 유통기한이 지난 후부터 70일까지는 치즈를 먹어도 문제가 없다는 뜻이에요. 소비기한은 유통기한보다 모두 길지만, 식품의 종류별로 소비기한도 다르다는 걸 알아야 해요. 우리나라는 식품에 유통기한을 표기하고 있었지만 2023년 1월 1일부터는 소비기한 표시제를 적용하고 있어요. 대부분 가공식품에는 유통기한이 아닌 소비기한을 표기하고 있지요. 앞으로 마트에서 가공식품을 살 때 소비기한이 잘 표기되어 있는지 확인해 보세요.

생활 속 꿀팁!

우유에는 아직 소비기한이 표기되지 않았다고?

2023년 1월 1일부터 소비기한 표시제가 적용되어 대부분 가공식품에는 유통기한 대신 소비기한이 표기되고 있어요. 그런데 아직 우유에서는 소비기한이 표기되지 않고, 여전히 유통기한이 표기되어 있어요.

소비기한을 정확하게 표시하려면 식품에 따라 많은 실험을 거쳐야만 해요. 우유는 냉장 보관을 하지 않으면 상하기 쉬우므로 소비기한 적용 시기를 2031년으로 늦췄어요. 우유에서도 유통기한 대신 소비기한이 표시된 것을 볼 날이 오겠죠?

❝ **유통기한 대신 소비기한 사용하면 어떤 효과가 생길까?** ❞

소비기한은 소비자가 안전하게 음식을 먹을 수 있는 기간을 뜻한다고 했는데, 소비기한이 지나면 음식이 바로 상하게 된다는 것을 뜻할까요? 소비기한은 식품이 상하게 되는 시기를 기준으로 80~90% 앞선 시기이고, 유통기한은 식품이 상하게 되는 시기를 기준으로 60~70% 앞선 시기 정도예요.

	음식이 상하는 시기
	소비기한 80~90%
	유통기한 60~70%

만약 달걀이 30일 후부터 상하기 시작한다면, 소비기한은 30일의 약 80~90% 앞선 시기인 24~27일로 정해요. 또 유통기한은 60~70%를 앞선 시기인 18~21일로 정한다는 뜻이에요. 그러니 유통기한이나 소비기한 모두 식품을 적정 온도에서 잘 보관하고 개봉하지 않았다면, 그 음식을 먹을 수 있다는 뜻이에요.

유통기한 대신 가공식품에 소비기한을 표시하는 이유는 첫째, 소비자들이 유통기한을 식품을 폐기하는 시점으로 아는 경우가 많아 식품을 먹을지 말지에 대한 혼란을 줄이기 위함이에요. 두 번째는 유통기한의 정확한 뜻을 모르고 먹을 수 있는 식품도 버리게 되어 음식물 쓰레기가 늘고, 낭비하는 일을 막기 위함이에요. 또 소비자에게 필요한 올바른 정보를 제공해야 한다는 이유도 있어요. 이렇게 소비기한 표시제의 시행으로 음식물 쓰레기가 감소되는 효과를 예상하고 있어요.

그렇다면 가공식품에 유통기한 대신 소비기한으로 표시했을 때 주의해야 하는 점도 있을까요? 물론이에요. 첫째는 소비기한이 지난 식품은 절대 먹지 않아야 한다는 것이에요. 유통기한이 지났다고 해서 상하지도 않은 음식을 버리는 것도 문제지만, 유통기한에 익숙해져서 소비기한이 지난 음식을 먹는 일이 없어야 해요. 소비기한은 음식이 상하는 시기의 약 80~90%이므로 소비기한이 지나면 곧 음식이 상한다는 뜻이기 때문이에요.

두 번째는 식품마다 표시된 정확한 방법에 따라 보관해

야 한다는 것이에요. 식품에 표기된 소비기한은 표시된 정확한 온도와 방법에 따라 보관했을 때 음식을 안전하게 먹을 수 있다는 뜻이기 때문이에요. 냉장에서 보관해야 하는지, 냉동에서 보관해야 하는지, 냉장이라면 어느 정도 온도에서 유지해야 하는지를 꼼꼼하게 살펴서 올바른 방법으로 식품을 보관해야 해요. 마트에서 물건을 사면 각 식품의 소비기한을 꼼꼼하게 확인하고 보관 기간을 잘 기억해 두세요.

생활 속 꿀팁!

식품의 소비기한이 궁금해!

식품의약품안전처에서 발표한 주요 식품의 소비기한이에요. 자주 먹는 식품의 소비기한이 어느 정도인지 확인해 보세요.

	김치	소시지	어묵	유산균 음료	캔디류
소비기한	10일	6개월	20일	14일	3일
	초콜릿	빵류	햄	과채 음료	떡류
소비기한	51일	5~9일	40~51일	3~5일	3~56일

수학 UP! 문해력 UP! 읽고 풀어 봐~!

1. 다음은 식품의 유통기한을 표시한 것이에요. 유통기한이 가장 짧은 것부터 순서대로 식품을 써 보세요.

_____

2. 다음 글의 빈칸에 들어갈 알맞은 말을 써 보세요.

① (   )은, 식품을 제조한 날로부터 소비자에게 유통이 허용되는 기한을 뜻해요. 식품을 만든 회사와 유통하는 사람들이 이 식품을 소비자에게 팔 수 있는 기한을 표시한 것이지요. 반면 ② (   )은 소비자가 식품을 안전하게 먹을 수 있는 기간을 뜻해요. 소비자에게 꼭 필요한 정보예요.

3. 마트에서 식빵을 샀어요. 식빵을 제조한 날짜는 2024년 4월 1일이라고 표시되어 있었어요. 식빵을 먹으면 안 되는 날짜를 고르세요. (단, 식품의 소비기한만 고려해요.)

① 4월 1일　② 4월 5일　③ 4월 10일　④ 4월 25일

4. 가공식품에 유통기한 대신 소비기한을 표시하는 이유로 잘못된 설명을 모두 고르세요.

① 소비자들이 유통기한이 지나면 무조건 식품을 폐기해야 한다고 헷갈리기 때문에
② 소비자들에게 식품을 어느 기한까지 안전하게 먹을 수 있는지 정확한 정보를 전달하기 위해서
③ 상하지 않았는데도 버려지는 음식물 쓰레기를 줄이기 위해
④ 마트에서 물건을 유통하는 사람들이 기한 안에 물건을 잘 유통하기 위해서
⑤ 마트에서 소비기한이 지난 물건을 할인해서 팔기 위해

정답

1. 식빵, 우유, 두부, 계란, 치즈, 냉동 만두

2. ① 유통기한, ② 소비기한

3. ④ 식빵의 유통기한은 3일이고, 소비기한은 20일이므로 제조한 날짜로부터 23일까지는 식빵을 소비해도 된다는 뜻이다. 4월 25일은 소비기한이 넘는 날짜이다.

4. ④, ⑤
   ④번은 유통기한에 대한 설명이다.
   ⑤ 유통기한, 소비기한이 지난 물건은 판매할 수 없다.

> 04.
> 치킨 먹고 남은 뼈는
> 음식물 쓰레기일까?

❝ 우리나라에서 배출하는 음식물 쓰레기의 양은? ❞

음식물 쓰레기는 요리 과정에서 생기는 농산물, 수산물, 축산물 등의 쓰레기와 먹고 남은 음식 찌꺼기 등을 말해요. 환경부에 따르면, 우리나라에서 하루에 발생하는 음식물 쓰레기의 양은 약 1만 4,000톤(t)이나 돼요.

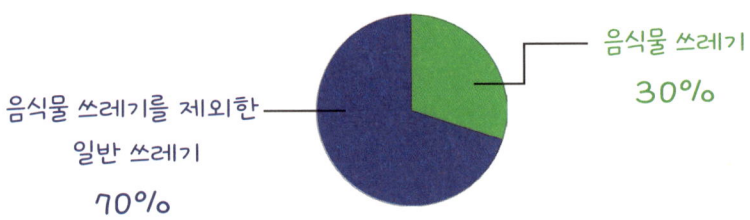

8t짜리 화물 트럭 약 1,750대와 무게가 비슷하지요. 우리나라에서 버려지는 전체 쓰레기가 100이라면, 그중 30은 음식물 쓰레기일 정도로 우리나라에서는 음식물 쓰레기가 많아요.

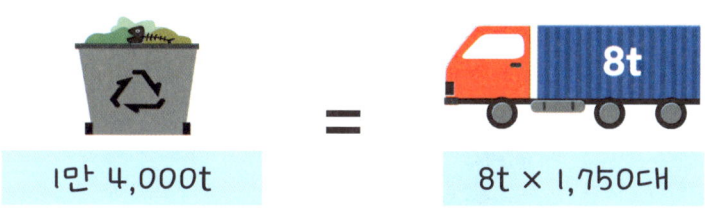

음식물 쓰레기를 처리하는 데는 1t당 최소 15만 원이 들어요. 1년 동안 약 7,600억 원에서 1조 원을 들여 쓰레기를 처리해야 하는 거예요. 게다가 음식물 쓰레기를 처리하는 과정에서 물이나 땅이 오염되기도 해요. 환경오염을 막고 경제적 손실을 줄이려면, 음식물 쓰레기를 최대한 적게 버릴 수 있도록 노력해야 하지요.

음식물 쓰레기를 일반 쓰레기와 구분해서 버려야 하는 이유도 여기에 있어요. 음식물 쓰레기를 재활용해서 버려지는 것을 최대한 줄이기 위해서예요. 재활용한 음식물 쓰레기는 돼지나 닭 등 동물의 사료나 식물을 키울 때 땅에 뿌리는 비료 등으로 사용할 수 있답니다.

> 생활 속 꿀팁!

음식물 쓰레기 분리, 언제부터 시작했을까?

쓰레기를 종량제 봉투에 담아 분리해서 버리기 시작한 것은 1995년부터예요. 종이나 플라스틱, 병 등 재활용되는 것은 따로 분리하고, 나머지 쓰레기는 종량제 봉투에 담아 버리는 제도를 도입한 것이에요.

그 뒤로 2013년부터는 음식물 쓰레기도 전용 종량제 봉투에 담아 버리는 제도가 도입되었어요. 음식물 쓰레기의 양이 늘어나면서 환경오염에 많은 영향을 끼쳤기 때문이에요.

하지만 음식물 쓰레기 분리 방법을 정확하게 알지 못하는 사람들이 많아 여전히 음식물 쓰레기 종량제 봉투의 약 30% 정도는 음식물 쓰레기가 아닌 것이 담겨 있어요. 먹다 남은 음식물이나 요리 과정에서 남은 찌꺼기가 모두 음식물 쓰레기가 되는 것은 아니라는 것을 꼭 기억해야 해요.

💬 음식물 쓰레기가 아닌 것을 찾아라! 💬

모든 음식물 찌꺼기가 음식물 쓰레기인 것은 아니에요. 음식물 쓰레기인 것과 일반 쓰레기를 분류하는 방법을 정확하게 알아보기로 해요.

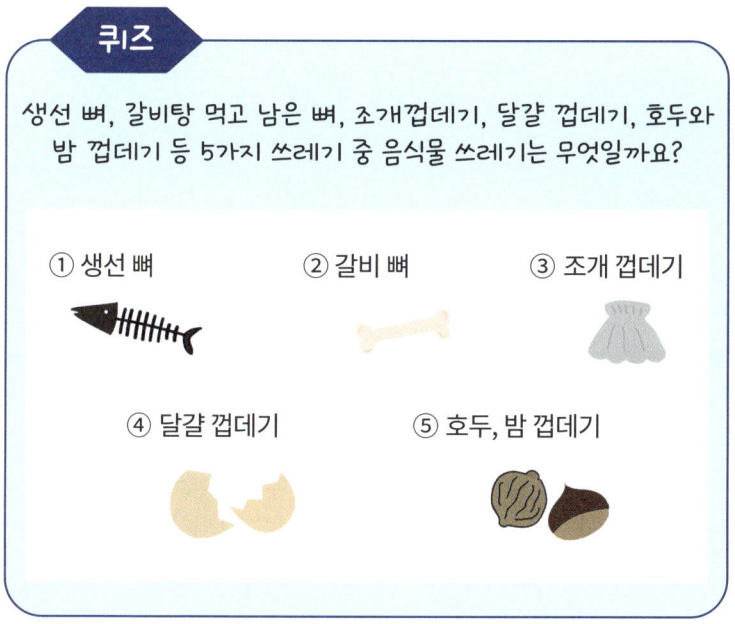

모두 음식을 먹고 남긴 것들이기 때문에 음식물 쓰레기로 버려야 한다고 생각할 수 있어요. 그런데 놀랍게도 이것들은 모두 음식물 쓰레기가 아닌 일반 쓰레기로 버려야 해요.

음식물 쓰레기와 일반 쓰레기를 분류하는 기준은 음식물 쓰레기로 버렸을 때 동물의 먹이로 쓰일 수 있는지, 없는지예요. 동물이 먹을 수 있는 것이라면 음식물 쓰레기로 버려도 되지만, 동물이 먹을 수 없는 것은 일반 쓰레기로 버려야 해요.

음식물 쓰레기가 아닌 것(=일반 쓰레기)	
과일류	호두나 도토리 등의 딱딱한 열매 껍데기, 복숭아, 살구, 감 등의 씨앗, 파인애플과 밤 껍데기 등
육류	소, 돼지, 닭 등의 털과 뼈
채소류	쪽파, 대파, 미나리 등의 뿌리, 고추씨, 고춧대, 양파나 마늘 등의 껍질, 옥수숫대
어패류	조개나 소라 등의 껍데기, 게나 가재와 같은 갑각류의 껍데기, 생선 뼈
기타	달걀이나 메추리 알 등의 껍데기, 각종 차와 커피 찌꺼기

음식물 쓰레기를 분류하는 목적은 재활용하기 위해서라는 것을 꼭 기억하세요! 그렇다면 표의 내용을 모두 외우지 않아도 음식물 쓰레기를 정확하게 분리배출 할 수 있을 거예요.

교과서 속 수학 개념!

분류하기에서 중요한 건 '정확한 기준'

사람들이 음식물 쓰레기인지 아닌지를 두고 헷갈리는 이유는 음식물 쓰레기를 요리 과정 또는 식사 후 남는 것을 음식물 쓰레기라고 생각하기 때문이에요. 음식물 쓰레기의 기준은 동물이 먹을 수 있는지, 또 음식물 재활용을 하는 게 가능한지를 두고 정한다는 점을 기억해야 해요.

음식물 쓰레기 기준

동물이 먹을 수 있나?

"음식물 쓰레기의 물기를 제거해야 해요!"

음식물 쓰레기를 기준에 따라 정확하게 분리했다면, 그다음으로 알아 둘 점은 음식물 쓰레기의 물기를 최대한 제거해야 한다는 점이에요. 음식물 쓰레기는 무려 약 60~80% 정도가 수분으로 이루어져 있어요. 수분을 제거하면 우선 쓰레기의 부피가 많이 줄어들어요. 음식물 쓰레기의 물기만 제거하더라도 음식물 쓰레기 전체 양의 10%를 줄일 수 있어요. 또 음식물 쓰레기 물기는 악취를 더욱 심하게 해서 환경오염을 악화시키기 때문에 물기를 최대한 제거하는 게 중요해요.

최근에는 아파트와 같은 공동주택에서는 음식물 쓰레기를 버릴 때 무게에 따라 돈을 내는 음식물 쓰레기 종량 기계를 설치해서 종량제 봉투를 대신하는 예도 많아요. 음식물 쓰레기의 무게 1kg에 130원의 수수료를 내는 것이에요. 만약 음식물 쓰레기의 무게가 2.1kg이라면 2.1×130=273원의 수수료를 내야 해요.

예전에는 아파트와 같은 공동주택에서 매달 음식물 쓰레기 배출 수수료를 무게와 상관없이 1,000원 정도의 수수료를 냈었어요. 점점 집집마다 배출하는 음식물 쓰레기의 무게에 따라 다른 수수료를 내는 방법으로 바뀌면서 음식물 쓰레기 배출량이 줄어들 것을 기대하고 있답니다. 음식물 쓰레기를 기준에 따라 정확하게 배출하고, 무엇보다도 양을 줄여야겠죠?

> 생활 속 꿀팁!

숫자로 보는 음식물 쓰레기

연간 우리나라 전체 음식물의 $\frac{1}{7}$이 음식물 쓰레기로 버려지고 있어요.

8,000억 원

1년 동안 음식물 쓰레기를 처리하는 데에 드는 비용이에요.

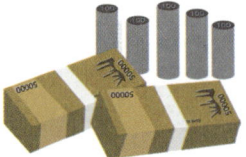

3억 6,000만 그루

온 국민이 지금보다 음식물 쓰레기를 $\frac{1}{5}$ 줄이면 소나무를 약 3억 6,000만 그루 심는 것과 같은 효과가 생겨요.

1억 8,600만 장

음식물 쓰레기를 $\frac{1}{5}$ 만큼 줄이면 39만 가구에 1억 8,600만 장의 연탄을 나눠 줄 수 있어요.

* 통계 출처 : 환경부

수학 UP! 문해력 UP! 읽고 풀어 봐~!

1. 다음은 음식물 쓰레기에 대한 글이에요. 빈칸에 들어갈 알맞은 수를 순서대로 바르게 나타낸 것을 고르세요.

   > 음식물 쓰레기는 요리 과정에서 생기는 농산물, 수산물, 축산물 등의 쓰레기와 먹고 남은 음식 찌꺼기 등을 말해요. 환경부에 따르면, 우리나라에서 하루에 발생하는 음식물 쓰레기의 양은 약 1만 4,000톤(t)이나 돼요.
   > 8t짜리 화물 트럭 약 □대와 무게가 비슷하지요. 우리나라에서 버려지는 전체 쓰레기가 100이라면, 그중 □은 음식물 쓰레기일 정도로 우리나라에서는 음식물 쓰레기가 많아요.

   ① 1750, 70   ② 1750, 30   ③ 175, 70   ④ 175, 30

2. 음식물 쓰레기를 버릴 때 수분을 제거해야 하는 이유는 무엇인지 써 보세요.

   _____

3. 음식물 쓰레기를 줄이기 위해 어떤 노력을 할 것인지 나의 다짐 한 가지를 써 보세요.

   _____

   _____

4. 음식물 쓰레기와 일반 쓰레기를 분류하는 기준은 '동물이 먹을 수 있는가'예요. 이 기준을 잘 생각하며 음식물 쓰레기와 일반 쓰레기를 분류해 번호를 적어 보세요.

① 바나나 껍질　② 먹다 남은 빵　③ 조개껍데기　④ 치킨 뼈

⑤ 달걀 껍데기　⑥ 남은 피자　⑦ 삶은 달걀　⑧ 남은 밥

정답

1. ②

2. 물기를 제거해야 음식물 쓰레기 부피도 줄어들고, 음식물 쓰레기 수분에서 나오는 악취는 환경오염을 심각하게 만들기 때문이에요.

3. 예) 식사할 때 음식을 남기지 않는다. / 음식물 쓰레기를 정확한 기준에 따라 분리배출 한다. / 음식물 쓰레기의 물기를 최대한 제거해서 버린다. 등

4. 음식물 쓰레기 : ①, ②, ⑥, ⑦, ⑧
   일반 쓰레기 : ③, ④, ⑤

콘 아이스크림의 '한입' 양은?

" 와플 + 아이스크림 = 콘 아이스크림 "

'콘(cone)'은 '원뿔'이라는 뜻이에요. 원뿔은 밑면이 원이고 옆면은 굽은 면으로 둘러싸인 뿔 모양의 입체도형이에요. 그래서 '콘 아이스크림'은 원뿔 모양을 가진 아이스크림을 말해요. 원뿔을 뒤집은 모양의 과자 안에 차가운 아이스크림을 넣어 만들어요.

콘 아이스크림은 1904년 미국의 세인트루이스에서 열린 세계 박람회에서 우연한 계기로 생겨났어요. 당시 박람회에

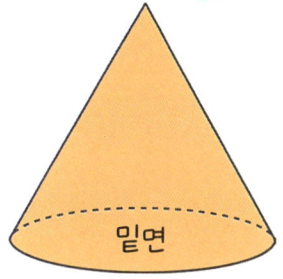

서는 대부분 아이스크림을 종이 접시에 담아 팔았는데, 한 가게에서 아이스크림을 담는 종이 접시가 다 떨어지고 만 거예요. 그때, 아이스크림 가게 옆에서 와플을 팔던 사람이 아이스크림 가게 주인에게 자신의 와플을 돌돌 말아 주면서 그 안에 아이스크림을 담아 파는 것을 제안했어요.

아이스크림과 바삭한 와플을 함께 맛본 사람들은 그 맛을 아주 좋아했지요. 이후 와플에 아이스크림을 담아 팔던 것이 지금의 콘 아이스크림으로 발전하게 되었고, 지금까지도 세계 많은 나라에서 인기를 끌고 있답니다.

교과서 속 수학 개념!

'원뿔'을 생활 속에서 찾아 봐~!

① 원뿔 모자

생일을 축하할 때 주인공이 종종 쓰는 끝이 뾰족한 원뿔 모양의 모자예요. '고깔'이라고도 하는데, 고깔은 승려들이나 농악대들이 쓰는 끝이 뾰족한 모자를 뜻해요. 또 '삿갓'이라고 부르는 전통 모자도 끝이 뾰족한 원뿔 모양이에요.

② 컬러 콘

주차장이나 도로에서 자주 볼 수 있는 알록달록 색깔의 컬러 콘도 원뿔 모양이에요. 바닥에 세워 놓았을 때 안정적으로 서 있으려면 기둥 모양보다는 밑면은 넓고 끝이 뾰족한 뿔 모양이 더 적당하기 때문이에요.

③ 확성기

소리를 크게 해서 멀리 전달할 때 쓰는 확성기도 원뿔 모양이에요. 원뿔 모양의 뾰족한 부분에서 소리를 내면 원뿔 모양을 따라 소리가 멀리 전달될 수 있어요.

『 한입 와앙~! 왜 이렇게 많이 줄어들까?』

뒤집은 원뿔 모양인 콘은 아래로 갈수록 담을 수 있는 아이스크림이 적어져요. 겉보기에는 푸짐해 보이지만, 콘 안에 담기는 양은 생각보다 많지 않아요. 아이스크림을 사 먹는 입장에서는 아쉽지만, 아이스크림을 만들어 파는 입 장에서는 적은 양을 팔면서도 푸짐해 보이니까 이득을 남길 수 있어요.

그렇다면, 원뿔에 담기는 아이스크림의 양은 어느 정도 일까요? 원기둥과 원뿔의 '부피'를 비교해 보면 돼요. 부 피는 입체도형이 차지하는 공간의 크기를 말하지요. 원뿔 의 부피는 밑면의 넓이와 높이가 똑같은 원기둥의 부피의 $\frac{1}{3}$ 밖에 되지 않아요. 만약 아이스크림을 담는 과자를 원 기둥 모양으로 만든다면 원뿔에 담는 아이스크림의 3배나 되는 양을 담아야 해요.

원기둥의 부피 = 밑면의 넓이 × 높이

원뿔의 부피 = 밑면의 넓이 × 높이 × $\frac{1}{3}$

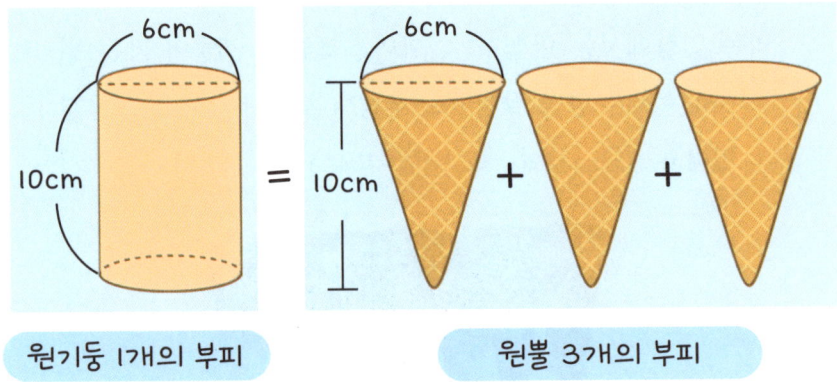

원기둥 1개의 부피 = 원뿔 3개의 부피

　그렇다면, 콘 아이스크림의 '한입'은 얼만큼일까요? 콘 아이스크림은 원뿔 모양이 가진 특징 때문에 아래쪽으로 갈수록 아이스크림 양이 적어져요. 위에서 먹는 한입은 아래에서 먹는 한입보다 양이 훨씬 많지요.

　높이가 20cm인 콘 아이스크림이 있다고 생각해 봐요. 원뿔을 뒤집은 모양의 콘은 먹으면 먹을수록 밑면인 원의 넓이가 줄어들어요. 콘을 한입 베어 물어서 원뿔의 높이가

16cm가 됐을 때 아이스크림의 양은 원뿔의 높이가 20cm 일 때에 비해 절반으로 줄어들어요. 친구에게 아이스크림 한 입을 주고 나면 아이스크림이 크게 줄어들었다고 느끼는 건 원뿔이 가진 특징 때문이랍니다.

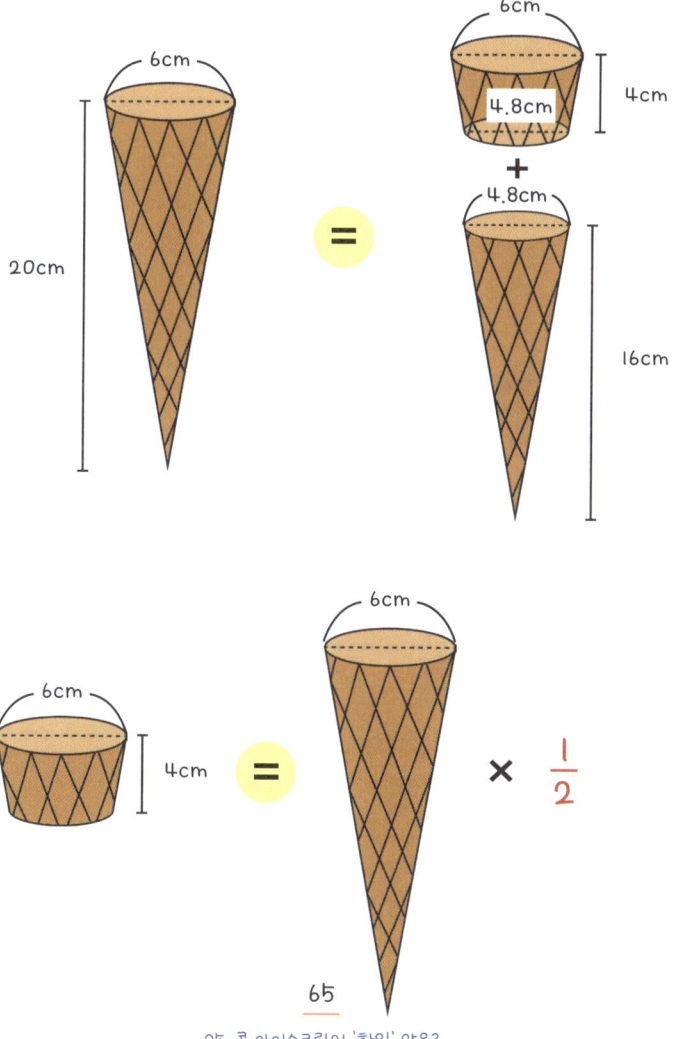

05. 콘 아이스크림의 '한입' 양은?

💬 콘 아이스크림 맨 끝에 초콜릿이 들어 있는 이유는? 💬

콘 아이스크림을 처음 제품으로 만들었을 때, 시간이 지날수록 아이스크림을 담은 과자가 눅눅해지는 것이 문제였어요. 이런 문제를 어떻게 해결할지 고민 끝에 과자 안쪽에 얇게 초콜릿을 발랐어요. 그런데 과자 안에 바른 초콜릿이 아래로 흘러내려 뾰족한 끝부분에 고이고 말았어요.

실패했다는 예상과는 달리, 사람들은 오히려 더 맛있다는 반응을 보였어요. 이후 끝부분에 초콜릿이 있는 콘 아이스크림을 일부러 만들기 시작했답니다.

콘 아이스크림을 만드는 회사가 다양해지면서 이색적인 포장으로 눈길을 끄는 콘 아이스크림도 있어요. 대부분의 콘 아이스크림의 포장은 윗부분이 동그랗게 되어 있는데, 윗부분을 삼각형 모양으로 감싸도록 포장을 한 콘 아이스크림도 있어요. 단순히 모양을 독특하게 하기 위함이 아니라 나름의 이유가 있답니다.

   콘 아이스크림의 포장을 뜯다 보면 아이스크림의 윗부분의 맛있는 토핑이 포장지에 많이 묻게 돼요. 이런 불편을 없애기 위해 토핑이 종이에 최대한 닿지 않도록 윗부분을 삼각형 모양으로 감싼 것이에요. 콘 아이스크림의 발명부터 포장까지 불편을 해결하려고 했던 것에서 오히려 반짝이는 아이디어를 얻은 것이 많다는 걸 알 수 있네요.

생활 속 꿀팁!

나만의 콘 아이스크림을 만들려면?

1

과자 부분을 만들기 위해 부채꼴 모양으로 종이를 자른다.

2

동그랗게 말아 원뿔 모양이 되도록 한 다음 풀로 인다.

3

색종이 2~3장을 구겨 동그랗게 만들어 원뿔 안에 넣는다.

4

스티커로 아이스크림 토핑을 꾸미면 나만의 아이스크림 완성!

수학 UP! 문해력 UP! 읽고 풀어 봐~!

1. 영어로 '콘(cone)'이라 부르는 '원뿔'에 대한 설명으로 잘못된 것을 고르세요.

   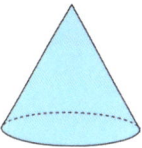

   ① 평평한 원 부분을 '밑면'이라고 한다.
   ② 펼치면 부채꼴 모양이 된다.
   ③ 원기둥의 부피는 원뿔 부피의 2배이다.
   ④ 전통 모자 '삿갓'은 원뿔 모양이다.

2. 그림과 같은 콘 아이스크림의 절반이 되는 곳은 위에서부터 몇 cm인 곳일까요? 선을 그어 표시해 보세요.

   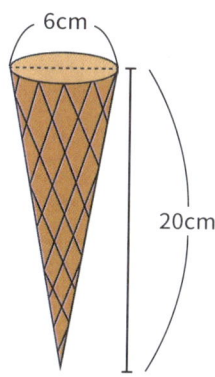

3. 종이로 나만의 아이스크림을 만들려고 해요. 원뿔 모양을 만들려면 어떤 모양의 종이가 있어야 할까요?

① 정삼각형 ② 직사각형
③ 부채꼴 ③ 원

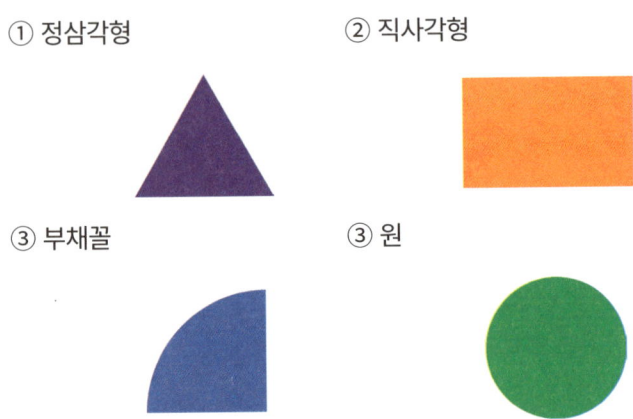

4. 콘 아이스크림의 포장지를 아래 사진과 같이 윗부분을 삼각형 모양으로 감싸도록 만든 이유는 무엇인지 써 보세요.

_____

_____

정답

1. ③ 원기둥의 부피는 원뿔 부피의 3배이다.

2. 위에서부터 4cm인 곳이 아이스크림의 절반이 된다.

3. ③ 부채꼴

4. 아이스크림의 윗부분의 맛있는 토핑이 포장지에 많이 묻게 되는 불편을 없애기 위해서이다.

06. 고래밥 과자, 정말 고래밥일까?

🙶 고래밥은 몇 가지 모양이 있을까? 🙷

'고래밥'이라는 과자에는 16가지 종류 바다 생물 모양의 과자가 들어 있다는 걸 알고 있나요? 다음과 같이 서로 다른 모양의 과자들을 볼 수 있어요.

고래　　　오징어　　　불가사리　　　돌고래

꽃게 복어 거북 다랑어

상어 문어 소라 해파리

새우 가재 망치상어 흰동가리

 과자에 각각의 모양이 몇 개씩 들어 있는지 세어 분류해 볼까요? 16개의 모양이 각각 몇 개가 있는지 세어 보니 다음과 같았어요. 이때 부서진 과자는 개수에 세지 않아요. 또 돌고래, 상어, 다랑어, 흰동가리의 모양은 언뜻 보면 비슷해 헷갈릴 수 있어서 모양을 잘 관찰해야 해요.

가장 개수가 많이 나온 모양은 12개로 꽃게고, 가장 개수가 작게 나온 모양은 5개로 문어와 복어였어요. 과자 이름인 고래는 6개로 적은 편이었어요. 과자마다 들어 있는 모양의 개수는 다를 거예요. 내가 먹는 과자에는 어떤 모양이 많은지, 또 적은지 직접 확인해 보세요.

❝ 고래밥,
모양이 골고루 들어 있다고 볼 수 있을까? ❞

고래밥에 들어 있는 서로 다른 16가지 종류의 모양이 각각 몇 개인지 분류하고 세어 보았어요. 고래밥에 어떤 모양이 많고 적은지를 한눈에 알아보려면 막대그래프를 그리면 돼요. 막대그래프란, 조사한 수를 막대 모양으로 나타낸 그림이에요. 여러 가지의 양을 비교할 때 막대그래프를 그리면 한눈에 많고 적음이 보여서 편리해요. 고래밥의 모양에 따른 개수를 막대그래프로 나타내면 다음과 같아요.

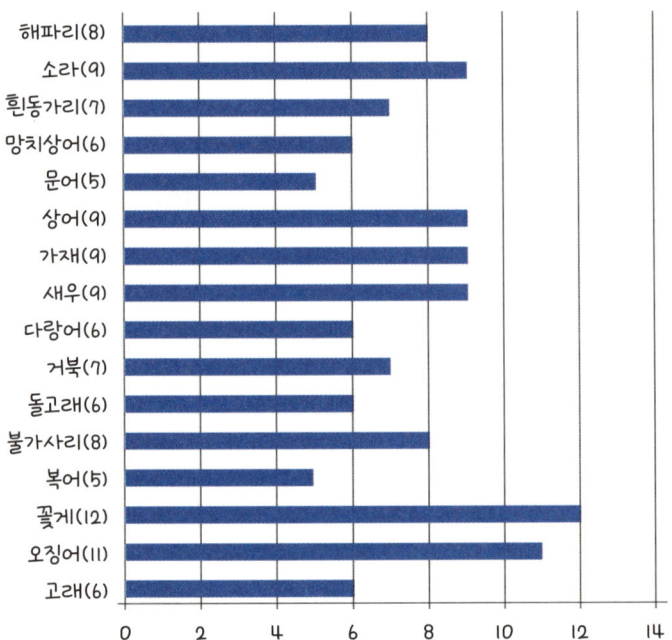

고래밥에는 16개의 모양이 골고루 들어 있다고 볼 수 있을까요? 물론 모양의 종류가 많고 과자의 크기가 작아서 모양마다 개수가 똑같이 들어 있기란 어려운 일일 거예요.

가장 적은 모양은 5개, 가장 많은 모양은 12개가 나와서 개수의 차이는 있지만 모든 모양이 다 골고루 들어 있는 편이었어요. 각각의 모양 과자의 개수 평균을 구해 보면 다음과 같아요. 친구와 함께 똑같은 과자를 사서 어떤 모양이 가장 많이 들었는지, 또 가장 적게 들어 있는지 비교해 봐도 좋겠죠?

고래밥에 들어 있는 각각의 모양 과자의 평균 개수

$$= \frac{6+11+12+5+8+6+7+6+9+9+9+5+6+7+9+8}{16}$$

$$= \frac{123}{16} = 7.69개 \; \Rightarrow \; 약 \; 8개$$

교과서 속 수학 개념!

초5 ·· 평균

평균에 함정이 있다고?

평균은 여러 가지 자료의 특징을 대표하는 값이에요. 자료의 값을 모두 더한 후, 그 개수로 나누면 구할 수 있어요. 평균은 쉽게 구할 수 있고, 자료를 대표할 수 있어 편리하지만 함정이 있어요. 극단적인 값에 영향을 받는다는 것이에요.

아래 A 과자와 B 과자를 살펴봅시다. 세 가지 모양의 개수 평균은 모두 4로 같아요. 하지만 A 과자는 오징어의 개수만 극단적으로 많고, 나머지 돌고래와 새우는 개수가 작아요. A 과자는 모양이 골고루 들어 있다고 볼 수 없어요. 평균만 보고 골고루 들어 있다고 섣부른 판단을 해서는 안 된다는 걸 꼭 기억해야 해요.

A		
돌고래	새우	오징어
1	1	10

B		
돌고래	새우	오징어
3	4	5

막대그래프는 개수를 비교하기에 좋은 그래프예요. 전체 중에서 어떤 모양이 어느 정도를 자치하는지를 알려면 비율 그래프를 그리면 돼요. 대표적인 비율 그래프로는 '원그래프'와 '띠그래프'가 있어요. 그래프를 그리기에 앞서 먼저 각 모양이 전체 중에서 자치하는 비율을 계산해야 해요.

과자의 전체 개수

= 6+11+12+5+8+6+7+6+9+9+9+5+6+7+9+8

=123

과자 전체의 개수는 123개이므로 각 모양이 전체에서 차지하는 비율은 다음과 같은 방법으로 구할 수 있어요. 예를 들어 고래 모양 과자가 전체에서 차지하는 비율은 약 4.88%예요. 그럼 16가지 종류 중에서 가장 많은 비율을 차지하는 건 어떤 모양이었을까요?(비율 계산은 소수점 셋째 자리에서 반올림을 했어요.)

각각의 모양 과자가 전체에서 차지하는 비율

$$= \frac{\text{각각의 모양 과자의 개수}}{\text{과자 전체 개수}} \times 100$$

예) 고래 모양의 과자가 전체에서 차지하는 비율

$$= \frac{6}{123} \times 100 = 약\ 4.88\%$$

고래	오징어	꽃게	복어	불가사리	돌고래	거북	다랑어
4.88%	8.94%	9.76%	4.07%	6.50%	4.88%	5.69%	4.88%
새우	가재	상어	문어	망치상어	흰동가리	소라	해파리
7.32%	7.32%	7.32%	4.07%	4.88%	5.69%	7.32%	6.50%

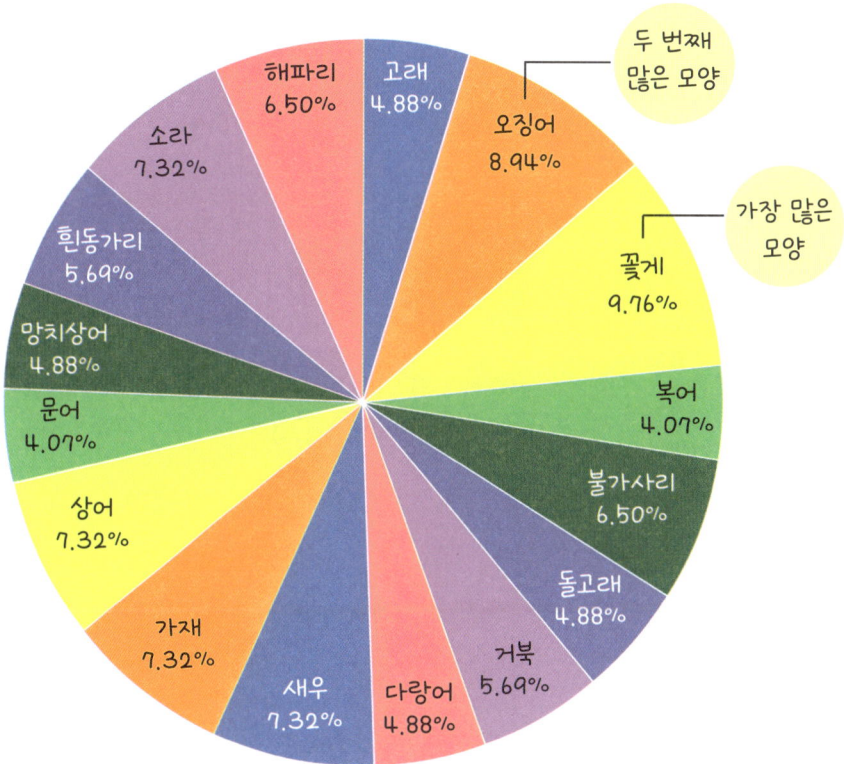

첫 번째로 가장 많은 모양은 꽃게고, 두 번째로는 오징어가 많았어요. 비율만으로 본다면 가장 많은 것이 꽃게 모양이니 고래밥이 아니라 꽃게밥이라고도 볼 수 있네요. 맛있게 과자도 먹고, 내가 산 고래밥이 정말 고래밥인지도 확인해 보세요.

수학 UP! 문해력 UP! 읽고 풀어 봐~!

1. 고래밥 과자에 들어 있는 모양이 아닌 것을 모두 골라 보세요. (정답 4개)

복어	거북	해파리	해마
흰동가리	멍게	돌고래	상어
오징어	소라	문어	조개
망치상어	새우	불가사리	가재
고래	가오리	다랑어	꽃게

2. 고래밥에 있는 과자 모양을 조사해 표로 정리했더니 다음과 같았어요. 표를 이용해 막대그래프를 그려 보세요.

고래	오징어	꽃게	복어	불가사리	돌고래	거북	다랑어
8	13	5	7	7	4	6	7
새우	가재	상어	문어	망치상어	흰동가리	소라	해파리
9	9	9	6	8	6	10	12

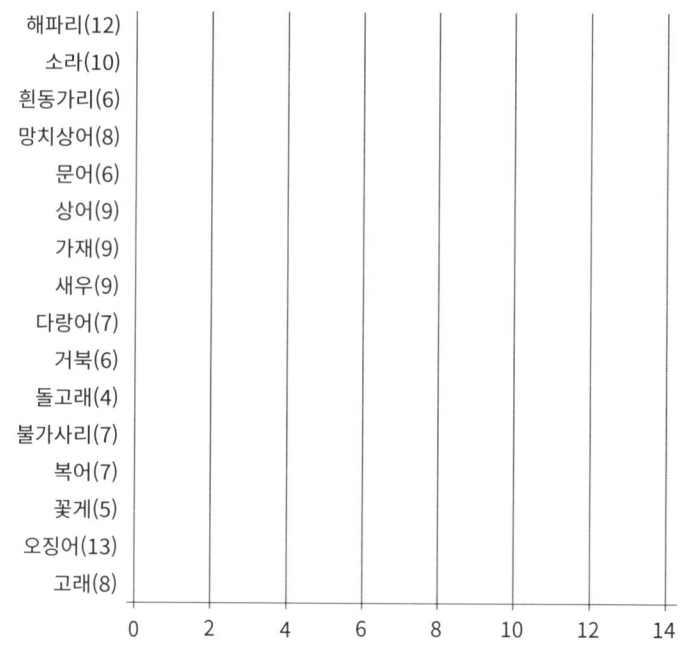

정답

1. 해마, 멍게, 조개, 가오리

2.
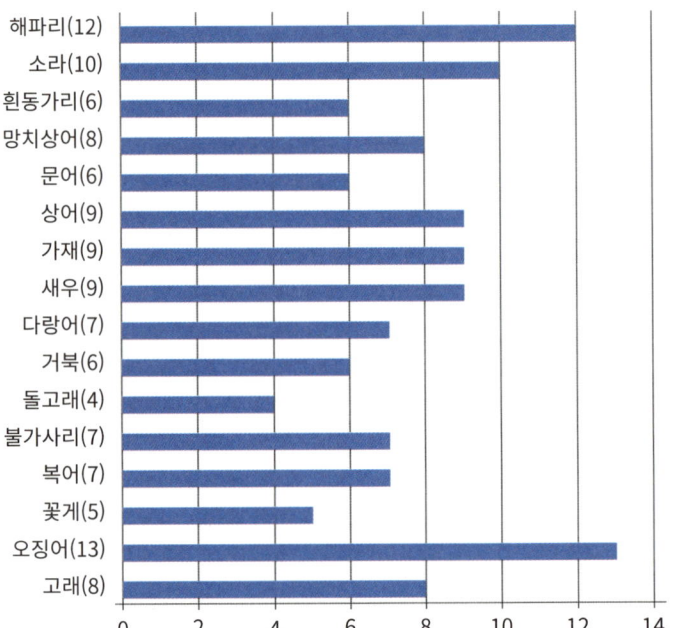

07. 편의점에는 왜 1+1, 2+1이 많을까?

66 편의점 1+1 할인과 50% 할인 똑같을까? **99**

　동네마다 있는 쉽게 볼 수 있는 편의점에서는 큰 마트에 가지 않더라도 필요한 물건을 쉽게 살 수 있어요. 늦은 시간에도 물건을 살 수 있어서 편리하지요. 편의점 물건의 가격을 유심히 살펴보면 물건의 가격을 할인해서 파는 경우보다 유독 1+1, 2+1, 3+1과 같이 몇 개의 물건을 사면 1개를 더 주는 것이 많아요. 가격을 할인하는 것보다 하나를 더 주는 방법이 많은 이유는 뭘까요?

만약 편의점에서 왼쪽과 같이 바나나 우유를 50% 할인하는 경우와 1+1을 하는 경우가 있다고 생각해 볼게요. 먼저 가격을 50% 할인하면 1,800원인 바나나 우유를 절반 가격인 900원에 살 수 있어요.

두 번째로 1＋1인 경우는 1개를 사면 바나나 우유를 하나 더 준다는 뜻이에요. 1,800원을 내면 바나나 우유 2개를 얻을 수 있지요. 이 경우에도 바나나 우유 한 개를 900원에 산 것과 같아요.

바나나 우유 한 개의 가격은 50％ 할인을 했을 때와 1＋1을 했을 때가 똑같아요. 하지만 50％ 할인과 1＋1에는 다른 점이 있어요. 가격을 할인해서 팔면 바나나 우유를 1개만 사더라도 가격 할인을 받을 수 있어요. 반면 1＋1인 경우에는 1개를 사야만 1개를 더 주는 것이기 때문에 반드시 2개를 샀을 때 할인된 가격으로 살 수 있는 것이에요. 할인된 가격으로 사고 싶다면 1개만 필요하더라도 2개를 사야 하지요.

이런 이유로 편의점에서는 가격을 할인해서 파는 것보다 1＋1이 소비자가 물건을 더 많이 구매하게 되기 때문에 1＋1, 2＋1, 3＋1과 같은 할인 방법을 선택하는 것이에요. 1＋1 할인 물건을 살 때는 할인 때문에 필요하지 않은 개수를 더 사는 건 아닌지 생각해 보고 사는 게 좋겠죠?

교과서 속 수학 개념!

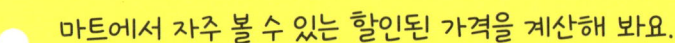 10% 할인된 가격, 어떻게 계산할까?

마트에서 자주 볼 수 있는 할인된 가격을 계산해 보요.

예를 들어 1,200원인 음료수를 10% 할인한다면,

가격 $\frac{10}{100}$에 해당하는 금액을 낮춰서 판다는 뜻이에요.

즉 원래의 가격의 $\frac{90}{100}$에 해당하는 가격만을 받겠다는 것이에요.

즉 1,200원의 10% 할인된 가격은

$1200 \times \frac{90}{100} = 1080$원이에요.

초 6 ·· 비율

"같은 주스인데 맛에 따라 할인이 다르네?"

편의점에 가서 시원한 주스를 사려고 해요. 주스의 맛 종류로는 자몽, 오렌지, 망고 3가지가 있어요. 오렌지 주스나 망고 주스를 먹고 싶은데, 두 가지는 할인을 하지 않아요. 자몽 주스만 2+1 할인을 하고 있어요.

왜 같은 종류의 주스인데 맛에 따라서 어떤 주스는 할인하고, 어떤 것은 하지 않는 걸까요?

가격 : 1,500원

가격 : 1,500원

가격 : 1,500원

편의점에서는 유통기한 날짜 안에 물건을 최대한 많이 파는 것이 중요해요. 유독 같은 물건인데 맛에 따라 어떤 것은 할인하고, 어떤 것은 할인하지 않는다면 할인 제품은 할인하지 않는 것보다 평소 잘 팔리지 않는 물건일 가능성이 커요. 할인하지 않아도 잘 팔리는 것은 굳이 할인할 이유가 없기 때문이에요.

주스를 사러 온 사람은 자신이 좋아하는 오렌지 주스나 망고 주스를 사려고 하다가도 할인이 되는 자몽 주스를 보고 값이 싼 자몽 주스를 선택할 수도 있어요. 여러분은 마음에 조금 들지 않지만 값이 싼 주스를 선택할 건가요? 아니면 할인하지 않더라도 원하는 맛의 주스를 선택할 건가요? 편의점에 가서 물건을 살 때 고민하고 선택해 보세요.

생활 속 꿀팁!

2+1과 30% 할인, 어떤 게 더 가격 할인이 많을까?

2+1과 30% 할인, 둘 중에서 어떤 것이 할인이 더 많이 되는 걸까요? 직접 계산해서 비교해 보요.

가격 : 1,800원

① 2+1으로 과자 3봉지를 샀을 경우

1800+1800=3600원에 과자 3봉지를 살 수 있으므로, 과자 1개의 가격은 1,200원인 셈이에요.

② 30% 할인으로 과자를 샀을 경우

과자 하나의 가격은 1,800원이므로, 30% 할인한 가격은 $1800 \times \frac{70}{100} = 1260$원이에요. 따라서 '30% 할인'보다 '2+1'이 할인이 더 많이 된다는 걸 알 수 있어요.

> **50% 할인 vs 30% + 추가 20% 할인, 어떤 게 더 쌀까?**

    가끔 마트에서 물건을 살 때 할인된 물건에서 추가로 더 할인된 물건을 발견할 때가 있어요. 크리스마스나 연말과 같이 사람들이 물건을 많이 사는 시기에 사람들에게 많은 물건을 팔기 위한 마트의 전략이기도 하지요. 할인의 원리를 이해한다면 조금 더 합리적인 소비를 할 수 있어요. 만약 마트에서 물건의 가격에서 50% 할인을 하는 경우와, 먼저 30% 할인을 한 후 추가로 20% 할인을 하는 방법이 있다면 어떤 할인이 물건을 더 싸게 살 수 있을까요?

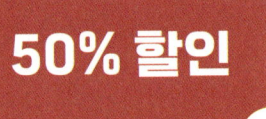

    언뜻 생각할 때는 30+20=50이니까 30% 할인에 추가로 20% 할인을 한 경우도 50% 할인과 똑같다고 생각이 들 수 있어요. 정말 두 가지 할인이 같은지 직접 계산해서 확인해 보세요.

예를 들어 크리스마스 선물로 고른 장난감의 가격이 20,000원이에요. 50% 할인된 가격을 계산하면 다음과 같아요.

20,000원에서 50% 할인된 가격:

$$20000 \times \frac{50}{100} = 10000원$$

이번에는 먼저 30% 할인을 한 가격에서 추가로 20% 할인을 했을 때의 가격을 계산하면 얼마일까요?

20,000원에서 30% 할인된 가격:

$$20000 \times \frac{70}{100} = 14000원$$

추가로 20% 할인을 한 가격:

$$14000 \times \frac{80}{100} = 11200원$$

11,200원으로 50% 할인된 가격 10,000원보다 조금 더 가격이 비싸다는 걸 알 수 있어요. 추가 할인된다고 하면 왠지 할인이 더 많이 되는 것 같은 기분이 들 수 있어요. 30% 할인한 가격에서 추가로 할인을 한 것은 50% 할인과 같지 않다는 것을 기억해 두면 합리적인 소비를 하는 데에 도움이 될 거예요.

교과서 속 수학 개념!

생활 속 백분율이 쓰이는 곳은?

백분율은 전체를 100으로 했을 때 비교하는 양의 비율을 뜻해요. 백분율은 할인 이외에도 생활 곳곳에서 사용하고 있어요.

① 시청률
TV 프로그램을 사람들이 얼마나 많이 시청했는지를 백분율로 나타낸 것이에요.

② 이자율
은행에 돈을 저금하면, 은행에 맡긴 원금에 대한 이자가 생기는데 이것을 백분율로 나타낸 것이예요.

③ 타율
야구에서 타자의 능력을 나타내는 척도 중 하나로 타자가 친 전체 타수에 대한 안타의 개수를 백분율로 나타낸 것이에요.

수학 UP! 문해력 UP! 읽고 풀어 봐~!

1. A 편의점에서는 바나나 우유를 50% 할인해서 팔고 있고, B 편의점에서는 1+1로 할인해서 팔고 있어요. 50% 할인과 1+1 할인의 같은 점과 다른 점을 각각 하나씩 써 보세요.

   A 편의점
   50% 할인
   가격 1,800원

   B 편의점
   1 + 1
   가격 1,800원

   ① 같은 점 : _____

   ② 다른 점 : _____

2. 편의점에서 다음과 같이 물건의 값을 할인하고 있어요. 젤리 2개와 과자 3개를 사면 모두 얼마일까요?

1+1	2+1
젤리 1개의 가격: 1,000원	과자 1개의 가격: 1,800원

(   ) 원

3. 크리스마스를 앞두고 여러 마트에서 할인 행사를 하고 있어요. 100,000원인 자전거를 A, B, C 마트에서 각각 다음과 같이 할인하고 있을 때, 가격이 가장 싼 곳부터 순서대로 써 보세요.

가격 : 100,000원

A마트	B마트	C마트
30% 할인	20% 할인 추가 10% 할인	25% 할인 추가 10,000원 할인

(   ) ⟶ (   ) ⟶ (   )

4. 생활 속에서 쓰이는 백분율 몇 가지를 설명한 것이에요. 각각에 들어갈 말을 <보기>에서 찾아 써 보세요.

① 은행에 돈을 저금하면, 은행에 맡긴 원금에 대한 이자가 생기는데 이것을 백분율로 나타낸 것이에요.
(   )

② 야구에서 타자의 능력을 나타내는 척도 중 하나로 타자가 친 전체 타수에 대한 안타의 개수를 백분율로 나타낸 것이에요.
(   )

③ TV 프로그램을 사람들이 얼마나 많이 시청했는지를 백분율로 나타낸 것이에요. (   )

정답

1. ① 같은 점 : 바나나 우유 1개를 900원의 가격에 살 수 있어요.
   ② 다른 점 : 50% 할인은 개수와 상관없이 우유 1개의 가격을 900원에 살 수 있지만, 1+1은 1개만 샀을 때는 할인된 가격으로 살 수 없어요. 반드시 2개(또는 2의 배수 개수)를 샀을 때 할인 가격으로 살 수 있어요.

2. 젤리는 1+1이므로 2개에 1000원에 살 수 있고, 과자는 2+1이므로 2개의 값인 3,600원에 3개를 살 수 있다. 따라서 젤리 2개와 과자 3개의 가격은 1,000원 + 3,600원 = 4,600원이다.

3. ① A 마트 : $100000 \times \frac{70}{100}$ = 70000원

   ② B 마트 : $100000 \times \frac{80}{100}$ = 80000원,
   8만 원에서 10% 할인한 가격은 $80000 \times \frac{90}{100}$ = 72000원

   ③ C 마트 : $100000 \times \frac{75}{100}$ = 75000원, 75,000원에서 10,000원을 할인하면 가격은 75000 − 10000 = 65000원.
   가격이 가장 싼 순서대로 나열하면 C, A, B이다.

4. ① - ㉢, ② - ㉠, ③ - ㉡

상자에 음료수 캔을 가장 많이 담으려면?

상자에 음료수 캔 하나를 더 넣으려면?

아래 그림과 같이 40개의 음료수 캔이 담겨 있는 상자가 있어요. 음료수 캔 하나가 더 있어서 상자에 넣고 싶은데, 이미 상자에는 더는 음료수 캔이 들어갈 자리가 없어 보여요. 음료수 캔 하나를 상자에 더 넣을 수 있을까요? 없을까요?

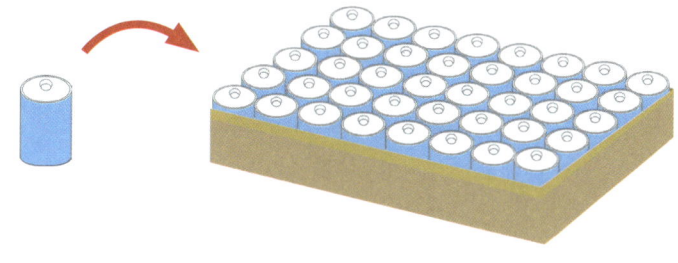

상자에는 아래 그림과 같이 원기둥 모양의 캔을 가로 8줄, 세로 5줄로 나란히 들어 있어요. 이때 원기둥 모양의 캔과 캔 사이에는 공간이 생기지요. 이 공간을 최대한 줄이도록 음료수 캔을 배열하면, 하나를 더 넣을 자리를 만들 수 있어요.

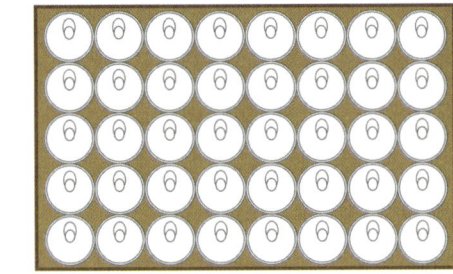

정사각형 구조(40개)

아래 그림과 같이 음료수 캔을 나란히 배열하지 않고 어긋나도록 배열을 하면 40개보다 1개가 더 많은 41개를 상자 안에 넣을 수 있어요.

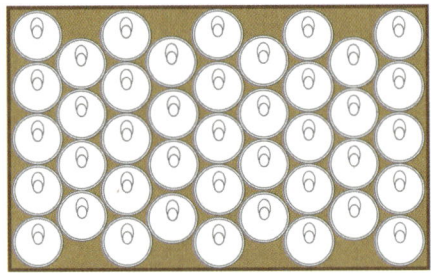

정육각형 구조(41개)

처음에 음료수 캔을 나란히 배열했을 때는 아래 그림 왼쪽과 같은 넓이의 공간이 생기지만, 어긋나게 음료수 캔을 배열하면 아래 그림 오른쪽과 같이 음료수 사이의 공간이 줄어들어요. 빼곡하게 음료수 캔을 넣게 되어 음료수 캔 하나를 더 넣을 수 있는 자리가 생기는 것이에요. 음료수 캔을 사각형으로 배열하는 것보다 육각형으로 배열하는 것이 더 많이 넣을 수 있어요. 육각형 배열은 원을 효율적으로 배열하는 방법이에요.

 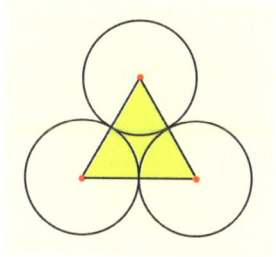

육각형 배열보다 더 많이 넣는 방법도 있다?!

음료수 캔을 사각형 배열로 넣는 것보다 육각형 배열로 넣는 것이 더 많은 개수를 넣을 수 있다는 걸 알게 되었어요. 아래와 같이 가로와 세로가 100cm인 정사각형 상자에 음료수 캔을 넣을 때, 왼쪽처럼 사각형 배열로 차곡차곡 넣으면 100개를 넣을 수 있어요. 반면 육각형 배열로 어긋나도록 넣으면 10개씩 6줄, 9개씩 5줄을 넣게 되어 모두 105개의 음료수 캔이 들어가요. 사각형 배열보다 무려 5개 음료수 캔이 더 들어가지요. 그런데 105개를 넣는 것이 제일 나은 방법일까요?

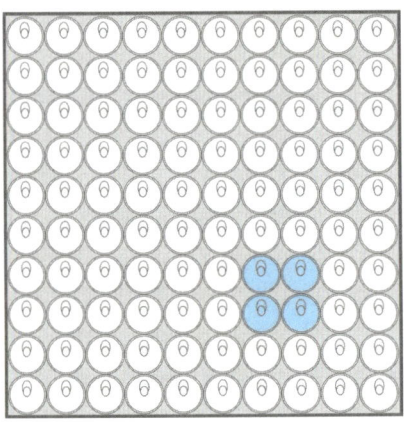

정사각형 배열

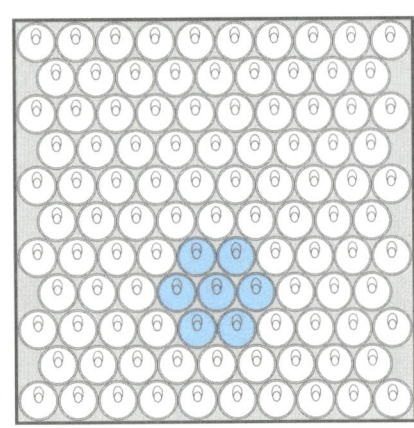

육각형 배열

사각형 배열로 넣을 때보다 음료수 캔이 5개나 더 많이 들어갔네?

헝가리의 괴짜 수학자인 에르되시 팔은 육각형 배열 방법보다 더 많이 음료수 캔이 들어가는 방법을 찾아냈어요. 아래의 그림과 같이 음료수 캔을 넣는 것이에요.

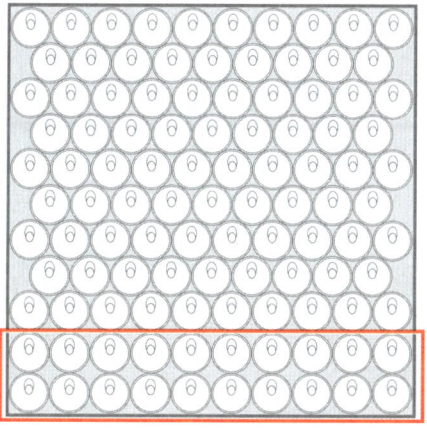

2줄은 사각형 배열로 음료수 캔을 넣고, 그다음부터는 육각형 배열로 음료수 캔을 넣었어요. 그 결과 모두 몇 개의 음료수 캔을 넣을 수 있었을까요?

$$2 \times 10 + (5 \times 10 + 4 \times 9) = 106$$

육각형 배열로 넣을 때보다 한 개의 음료수 캔을 더 넣을 수 있어요. 물론 이렇게 음료수를 넣을 땐 배열 모양이 규칙적이지는 않아요. 이 방법을 찾아낸 수학자 에르되시 팔은 때로는 제일 나은 방법이 꼭 질서가 있는 방법만은 아니라는 말을 했어요.

제일 나은 방법이 항상 규칙적이고 질서 정연한 것만은 아니랍니다.

과일 가게 쌓기에도 육각형이 있다고?

마트에서 과일이 진열되어 있는 것을 본 적이 있을 거예요. 규칙 없이 과일이 담겨 있는 때도 있지만, 수박이나 멜론, 사과 같은 과일이 잘 쌓여 있는 모습도 종종 볼 수 있지요. 과일이 이런 모양으로 쌓여 있는 것도 음료수 캔을 상자 안에 많이 넣기 위해 육각형 배열로 넣는 것과 같은 원리예요.

과일을 이렇게 쌓은 데에는 이유가 있지요!

음료수 캔을 나란히 줄지어 넣은 것과 마찬가지로 공처럼 동그란 과일을 줄지어 쌓는다면 어떻게 될까요?

음료수 캔과 캔 사이에 공간이 많이 생겼던 것처럼 과일과 과일 사이에도 빈틈이 많이 생기게 될 거예요. 이렇게 과일을 쌓는 방법은 효율적이지도 않고, 과일을 잘 쌓을 수 없어요.

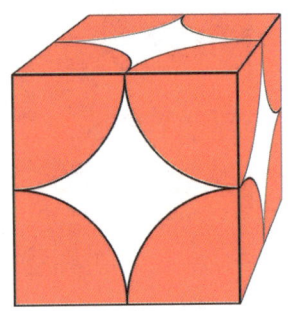

　위의 그림과 같이 과일을 한 줄 바닥에 맞춰 놓은 다음 그 위에 과일을 쌓을 때는 과일과 과일 사이에 파인 홈에 올리면 과일을 더 안정적으로, 그리고 많이 쌓을 수 있어요. 음료수 캔을 어긋나게 넣었을 때 더 많이 넣을 수 있었던 것과 같은 원리예요. 마트에서 쌓아 둔 과일이나 상자에 담겨 있는 음료수 캔을 보게 된다면 효율적인 방법인지 아닌지를 생각해 보세요.

수학 UP! 문해력 UP! 읽고 풀어 봐~!

1. 아래와 같이 상자 안에 음료수 캔이 40개가 들어 있어요. 이 상자 안에 음료수 캔을 1개 더 넣으려면 음료수 캔을 어떻게 넣어야 할까요? 빈 상자 안에 음료수 캔을 넣는 방법을 그려 보세요.

2. 음료수 캔을 상자에 더 넣는 방법을 설명한 글이에요. 빈칸에 들어갈 알맞은 말을 순서대로 바르게 나타낸 것을 고르세요.

> 음료수 캔을 차곡차곡 ①□□□으로 배열하는 것보다 어긋나게 넣는 ②□□□으로 배열하는 것이 더 많이 넣을 수 있어요. 벌집 모양을 닮은 ③□□□ 배열은 음료수를 효율적으로 넣는 방법이에요.

① 사각형, 육각형, 육각형
② 사각형, 육각형, 사각형
③ 육각형, 사각형, 육각형
④ 육각형, 육각형, 사각형

3. 한 변의 길이가 1m인 상자 안에 음료수 캔을 넣은 3가지 방법이에요. 각각 음료수 캔이 몇 개 들어가 있는지 개수를 세어 보세요.

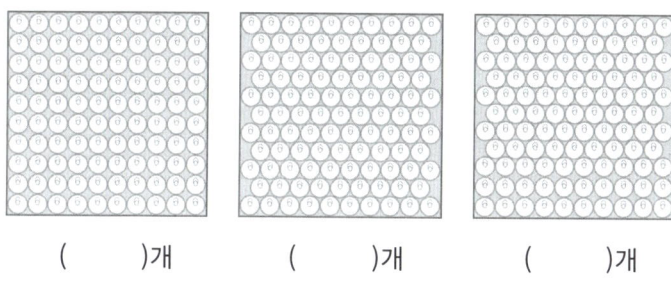

(   )개   (   )개   (   )개

4. 과일을 아래와 같은 방법으로 쌓았을 때 어떤 장점이 있는지 써 보세요.

_____

_____

정답

1. 아래 그림과 같이 음료수를 넣으면 41개를 넣을 수 있다.

2. ①번

3. 왼쪽에서부터 순서대로 100개, 105개, 106개

4. 정해진 공간에 과일을 많이 쌓을 수 있어 효율적이고, 안정적으로 쌓을 수 있다.